MARWEN JELLOUL

Investir dans l'immobilier en ESPAGNE

Guide complet pour les Français

Plume Universelle

Marwen Jelloul

Marwen Jelloul, expert reconnu dans le domaine de l'investissement immobilier en France et à l'international. Fort de nombreuses années d'expérience, j'ai développé une expertise unique qui me permet de naviguer avec succès sur les marchés immobiliers les plus divers, en identifiant des opportunités à fort potentiel de croissance et de rendement.

Mon parcours est marqué par une quête constante de l'innovation et de la performance, alliant une vision stratégique de l'investissement à une compréhension fine des dynamiques économiques locales et globales. En tant qu'investisseur, j'ai su capitaliser sur des projets variés, allant des résidences privées aux investissements commerciaux, en France et au-delà, tout en intégrant une approche durable et responsable.

Parallèlement à mon activité d'investisseur, j'ai également embrassé le monde entrepreneurial avec une volonté de construire des ponts entre les univers de l'investissement et de l'art. Je crois fermement que l'immobilier, tout comme l'art, peut transformer les vies et les communautés en créant des espaces qui inspirent et dynamisent. C'est pourquoi je m'efforce de soutenir des projets qui allient esthétisme, innovation et impact social.

Dans mes ouvrages sur l'entrepreneuriat et l'investissement immobilier, je partage des insights précieux issus de mon expérience personnelle, offrant des conseils pratiques et stratégiques pour réussir dans ces domaines compétitifs. Mon objectif est d'inspirer et de guider les investisseurs à travers les complexités du marché immobilier, en leur fournissant les outils nécessaires pour maximiser leur succès.

Ma mission est de continuer à explorer les intersections fascinantes entre l'art, l'entrepreneuriat et l'investissement immobilier, et d'encourager d'autres à s'engager dans cette aventure avec passion et audace. Rejoignez-moi dans ce voyage où chaque projet est une opportunité de créer de la valeur, de l'innovation et de la beauté dans le monde.

"L'immobilier est le meilleur investissement du monde, car c'est l'unique bien que l'on ne peut ni délocaliser, ni détruire"

Franklin D. Roosevelt

- Sommaire -

Introduction générale sur l'investissement immobilier à l'étranger.............. 9
    Pourquoi investir à l'étranger ?................ 11
    Principaux critères à considérer................ 12
    Conseils :................ 13

Présentation de l'Espagne................ 15
    Géographie et climat................ 17
    Économie................ 18
    Contexte général................ 19
    Conseils................ 19

Cadre juridique de l'immobilier en Espagne............ 21
    Législation immobilière................ 23
    Processus juridique................ 23
    Risques juridiques et précautions................ 24
    Conseils................ 24

Conditions et processus d'achat en Espagne......... 27
(avec exemples et simulations)................ 27
    Conditions d'achat................ 29
    Processus d'achat................ 29
    Exemples et simulations................ 30
    Frais supplémentaires et simulations détaillées..... 31
    Conseils................ 32

Implications fiscales et financières en Espagne..... 35
    Fiscalité immobilière................ 37
    Financement................ 37
    Exemples détaillés................ 38

    Charges et déductions fiscales................................39
    Conseils 39
Investissement locatif en Espagne..........................41
    Pourquoi choisir l'investissement locatif ?.............. 43
    Intervalles des prix des loyers par région............... 43
    Location saisonnière de courte durée vs location de longue durée...44
    Choix entre location saisonnière et longue durée...47
    Conseils pratiques pour réussir son investissement locatif.. 47
    Conclusion.. 51
Vie culturelle, touristique et sociale en Espagne.... 53
    Culture et traditions...55
    Tourisme.. 55
    Vie sociale... 56
    Réseaux sociaux et intégration................................57
Conclusion.. 59
Avantages et défis de l'investissement immobilier en Espagne..59
    Avantages..61
    Défis...62
    Conseils pour réussir son investissement............. 63

Introduction générale
sur l'investissement immobilier
à l'étranger

Pourquoi investir à l'étranger ?

Investir dans l'immobilier à l'étranger est une stratégie courante pour diversifier son portefeuille et saisir des opportunités de marché. Que ce soit pour des raisons financières, personnelles ou de qualité de vie, de nombreux Français se tournent vers l'Espagne pour ses nombreux avantages.

- **Diversification des actifs** : Réduire les risques en répartissant les investissements sur plusieurs marchés.
- **Potentiel de plus-value** : Profiter de la croissance de marchés immobiliers dynamiques.
- **Revenus locatifs** : Générer des revenus supplémentaires grâce à la location saisonnière ou à long terme.

Anecdote : Pierre, un investisseur français, a acheté un appartement à Barcelone en 2010, au plus fort de la crise économique espagnole. Grâce à une connaissance approfondie du marché et une bonne analyse des conditions économiques, il a vu la valeur de son bien tripler en dix ans.

Principaux critères à considérer

Avant de se lancer, il est essentiel de bien comprendre les critères influençant l'investissement immobilier à l'étranger :

- **Cadre juridique et fiscal :** Comprendre les lois locales et les implications fiscales pour éviter les mauvaises surprises.
- **Rentabilité :** Analyser les potentiels de plus-value et les revenus locatifs.
- **Conditions économiques et politiques :** La stabilité économique et politique du pays est un facteur crucial.

Anecdote : Sophie et Marc, un couple français, ont acheté une maison de vacances sur la Costa Brava en 2015. Leur choix a été influencé par la stabilité politique et économique de l'Espagne ainsi que par les faibles taux d'intérêt hypothécaires à l'époque. Aujourd'hui, ils louent la maison pendant la saison estivale et couvrent largement les coûts de leur prêt.

Conseils :

1. **Faire une étude de marché approfondie :**

   Avant de choisir un pays ou une région pour investir, étudiez les tendances du marché, les prix immobiliers et la demande locative.

2. **Se faire accompagner par des professionnels**

   Avocats, agents immobiliers et conseillers financiers peuvent vous aider à naviguer dans les complexités de l'investissement à l'étranger.

3. **Évaluer les risques :**

   Considérez les risques politiques, économiques et juridiques avant d'investir dans un pays étranger.

Présentation de l'Espagne

Géographie et climat

L'Espagne offre une grande diversité géographique, des plages ensoleillées de la Costa del Sol aux montagnes enneigées des Pyrénées. Chaque région a ses particularités, influençant à la fois le mode de vie et le marché immobilier.

- **Nord de l'Espagne :** Climat océanique avec des paysages verdoyants.
- **Centre :** Régions semi-arides avec des hivers froids et des étés chauds.
- **Sud :** Climat méditerranéen avec des étés longs et secs et des hivers doux.
- **Îles Baléares et Canaries :** Climat doux toute l'année, attractif pour les touristes et les retraités.

Anecdote : Lucie, originaire de Lyon, a choisi d'acheter un appartement à Majorque après avoir passé plusieurs étés sur l'île. Le climat agréable et l'ambiance détendue ont été des facteurs décisifs dans son choix.

Économie

L'économie espagnole, l'une des plus dynamiques d'Europe, est caractérisée par :

- **Tourisme** : Secteur clé avec des millions de visiteurs chaque année.
- **Industrie** : Secteurs de l'automobile, de l'aéronautique, et des énergies renouvelables en croissance.
- **Agriculture** : Exportation de produits agricoles, notamment les fruits et légumes.

Anecdote : En 2019, une étude a révélé que le secteur touristique représentait près de 15% du PIB espagnol. Jean, un investisseur français, a su tirer parti de cette donnée en achetant un appartement à Madrid, qu'il loue sur des plateformes de location à court terme, générant ainsi un revenu stable et lucratif.

Contexte général

- **Qualité de vie** : Coût de la vie abordable, infrastructures modernes.
- **Sécurité** : L'Espagne est un pays sûr avec une faible criminalité.
- **Accessibilité** : Réseau de transport développé, aéroports internationaux.

Témoignage : Marie, expatriée française à Madrid, raconte : "La qualité de vie en Espagne est exceptionnelle. Le climat, la gastronomie et l'accueil chaleureux des Espagnols ont rendu mon intégration très facile. C'est un pays où il fait bon vivre et investir."

Conseils :

1. **Choisir la bonne région :**

    Sélectionnez la région en fonction de vos objectifs d'investissement. Les zones touristiques comme la Costa del Sol et les grandes villes comme Madrid et Barcelone offrent de bonnes opportunités.

2. **Considérer le climat :**

    Le climat peut influencer la demande locative. Les régions au climat agréable toute l'année sont souvent plus attractives pour les locataires.

3. **S'informer sur la culture locale :**

    Comprendre la culture et les coutumes locales peut vous aider à mieux gérer votre bien et à attirer des locataires.

Cadre juridique de l'immobilier en Espagne

Législation immobilière

En Espagne, les étrangers peuvent acheter des biens immobiliers sans restrictions. Il est essentiel de comprendre les différents types de propriété :

- **Pleine propriété** : Possession permanente du bien.
- **Usufruit** : Droit d'utiliser le bien pour une durée déterminée.

Processus juridique

- **Contrat de réservation** : Signature d'un contrat préliminaire avec un dépôt de garantie.
- **Contrat d'achat (contrato de arras)** : Engagement des deux parties jusqu'à la signature de l'acte de vente final.
- **Acte de vente (escritura pública)** : Signature devant un notaire, transférant la propriété.

Anecdote : François, un investisseur français, a failli acheter une villa à Alicante sans vérifier les dettes associées au bien. Heureusement, son avocat a découvert des hypothèques non déclarées, évitant ainsi une situation financière désastreuse.

Risques juridiques et précautions

- **Vérifications préalables :** Assurez-vous que le bien est libre de charges et d'hypothèques.
- **Assistance juridique :** Recommandée pour sécuriser la transaction et éviter les litiges.

Témoignage : Valérie et Jérôme, un couple de retraités, ont fait appel à un avocat spécialisé en droit immobilier avant d'acheter une maison en Andalousie. "Cela nous a permis de nous assurer que tout était en règle et d'éviter les mauvaises surprises", expliquent-ils.

Conseils :

1. **Faire appel à un avocat local :**

    Un avocat spécialisé en droit immobilier peut vous guider à travers les processus légaux et protéger vos intérêts.

2. **Vérifier les titres de propriété :**

   Assurez-vous que le bien n'a pas de dettes ou de litiges en suspens avant de finaliser l'achat.

3. **Comprendre les taxes :**

   Familiarisez-vous avec les taxes et impôts locaux pour éviter les mauvaises surprises.

Conditions et processus d'achat en Espagne

(avec exemples et simulations)

Conditions d'achat

Pour acheter un bien en Espagne, il est nécessaire d'obtenir un Numéro d'Identification des Étrangers (NIE) et d'ouvrir un compte bancaire espagnol.

- **Numéro d'Identification des Étrangers (NIE) :** Obligatoire pour toute transaction financière.
- **Compte bancaire espagnol :** Nécessaire pour le paiement des biens et des frais associés.

Anecdote : Mathieu, un entrepreneur français, raconte comment l'ouverture d'un compte bancaire en Espagne lui a permis de faciliter toutes ses transactions immobilières et de gérer ses investissements plus efficacement.

Processus d'achat

1. **Recherche de biens :** Utilisez des agences immobilières locales, des plateformes en ligne et des contacts personnels.

2. **Offre et négociation** : Faites une offre et négociez le prix avec le vendeur.
3. **Contrat de réservation** : Signez le contrat de réservation et versez un dépôt.
4. **Contrat d'achat** : Signez le contrat d'achat (contrato de arras) qui engage les deux parties.
5. **Acte de vente** : La signature de l'acte de vente finalise la transaction et doit être faite devant un notaire.

Exemples et simulations

- **Achat typique de 100 000 € avec 50% apport personnel et 80% financement**
    - **Scénarios de financement :**
        - **3% sur 15 ans** : Mensualité environ 552 €, coût total du crédit 99 360 €.
        - **5% sur 20 ans** : Mensualité environ 660 €, coût total du crédit 158 400 €.
        - **7% sur 30 ans** : Mensualité environ 665 €, coût total du crédit 239 400 €.
    - **Frais supplémentaires :**
        - **Frais d'agence** : 5-10% du prix du bien (5 000 à 10 000 €).
        - **Frais de notaire** : 1-2% du prix du bien (1 000 à 2 000 €).
        - **Taxes** : 6-10% du prix du bien (6 000 à 10 000 €).

Témoignage : Éric a acheté un appartement à Valence avec un financement à 80% sur 20 ans à un taux d'intérêt de 5%. Il explique : "Les mensualités sont raisonnables et le rendement locatif couvre presque toutes les charges, ce qui rend l'investissement très attractif."

Frais supplémentaires et simulations détaillées

- **Frais d'agence immobilière :** Varient entre 5% et 10% du prix du bien.
- **Frais de notaire :** Généralement autour de 1% à 2% du prix du bien.
- **Taxes d'achat :** Environ 6% à 10% du prix du bien, selon la région et le type de bien.

Simulation détaillée : Pour un achat de 100 000 € avec un financement à 80% sur 20 ans à un taux d'intérêt de 5% :

- **Apport personnel (20%) :** 20 000 €
- **Montant emprunté (80%) :** 80 000 €
- **Mensualité :** 528 €
- **Coût total du crédit :** 127 920 €
- **Frais d'agence (5%) :** 5 000 €

- **Frais de notaire (1,5%) :** 1 500 €
- **Taxes d'achat (8%) :** 8 000 €
- **Coût total de l'investissement :** 142 420 €

Témoignage : Lucas, qui a investi dans une maison à Malaga, partage son expérience : "J'ai choisi de faire un apport personnel de 50% pour réduire mes mensualités et mes intérêts. Cette stratégie m'a permis de mieux gérer mes finances tout en profitant de la croissance du marché immobilier local."

Conseils :

1. **Préparer un budget détaillé :**

    Incluez les frais d'agence, de notaire et les taxes dans votre budget global.

2. **Négocier les conditions de prêt :**

    Comparez les offres de plusieurs banques pour obtenir les meilleures conditions de prêt.

3. **Prévoir une marge pour les imprévus :**

   Gardez une réserve financière pour les dépenses imprévues, comme les réparations ou les fluctuations des taux de change.

Implications fiscales et financières en Espagne

Fiscalité immobilière

- **Impôts sur le revenu locatif :** Les non-résidents doivent payer un impôt forfaitaire de 24% sur les revenus bruts. Les résidents peuvent déduire certaines dépenses avant de payer un impôt progressif.
- **Impôt sur la fortune :** Les biens immobiliers peuvent être soumis à l'impôt sur la fortune avec des exonérations possibles.
- **Plus-values immobilières :** Les plus-values réalisées lors de la vente d'un bien sont imposées à des taux variant de 19% à 23%.

Anecdote : Clara, une investisseuse française, a découvert que l'impôt sur le revenu locatif pouvait être réduit en déduisant certaines charges, comme les frais de gestion et de maintenance. Cette connaissance lui a permis de maximiser ses revenus nets.

Financement

Les options de financement en Espagne incluent les prêts hypothécaires auprès des banques locales et des

37

prêteurs internationaux. Les conditions de prêt, les taux d'intérêt et les durées de remboursement varient en fonction des institutions et des profils des emprunteurs.

Exemples détaillés

- **Scénarios financiers avec simulations de coût total et mensualités**
    - Exemple avec un prêt de 80 000 € à 3% sur 20 ans : mensualité de 443 €, coût total du crédit de 106 320 €.

Anecdote : Julie, une Française vivant à Séville, a bénéficié d'un prêt hypothécaire à un taux préférentiel grâce à une négociation directe avec sa banque. Son expérience montre l'importance de bien négocier les conditions de financement pour maximiser la rentabilité de l'investissement.

Témoignage : Alain, qui a acheté une villa sur la Costa Blanca, souligne : "J'ai choisi un prêt à taux variable, ce qui m'a permis de bénéficier de taux d'intérêt plus bas au début. Cependant, il est crucial de prévoir une marge de sécurité en cas de hausse des taux."

Charges et déductions fiscales

- **Charges déductibles :** Intérêts d'emprunt, frais de gestion, entretien et réparations.
- **Exonérations :** Certaines régions offrent des exonérations pour les nouveaux investisseurs ou les rénovations.

Témoignage : Charlotte, qui a rénové une vieille maison à Grenade, raconte : "Les déductions fiscales pour les travaux de rénovation ont réduit considérablement mes impôts, rendant l'investissement encore plus rentable."

Conseils :

1. **Engager un conseiller fiscal :**

    Un conseiller fiscal peut vous aider à comprendre vos obligations fiscales et à optimiser votre situation.

2. **Déclarer tous les revenus :**

   Assurez-vous de déclarer correctement tous les revenus locatifs pour éviter les pénalités.

3. **Planifier à l'avance :**

   Anticipez les impôts et taxes lors de la revente pour éviter les surprises financières.

Investissement locatif en Espagne

Pourquoi choisir l'investissement locatif ?

L'investissement locatif en Espagne est attractif pour plusieurs raisons :

- **Demande locative élevée :** Grâce au tourisme et à la population expatriée.
- **Rendements intéressants :** Surtout dans les zones touristiques et les grandes villes.
- **Flexibilité :** Possibilité de choisir entre location saisonnière de courte durée et location de longue durée.

Intervalles des prix des loyers par région

Les prix des loyers varient considérablement selon la région et la ville. Voici un aperçu des prix moyens des loyers mensuels par région :

- **Madrid :**
    - **Appartement 1 chambre :** 900 - 1 200 €
    - **Appartement 2 chambres :** 1 200 - 1 800 €
- **Barcelone :**
    - **Appartement 1 chambre :** 850 - 1
    - **Appartement 2 chambres :** 1 100 - 1 600 €
- **Valence :**
    - **Appartement 1 chambre :** 600 - 850 €
    - **Appartement 2 chambres :** 800 - 1 200 €
- **Séville :**

- ○ **Appartement 1 chambre :** 550 - 750 €
- ○ **Appartement 2 chambres :** 750 - 1 100 €
- **Costa del Sol (Marbella, Malaga) :**
  - ○ **Appartement 1 chambre :** 700 - 1 000 €
  - ○ **Appartement 2 chambres :** 1 000 - 1 500 €
- **Îles Baléares (Majorque, Ibiza) :**
  - ○ **Appartement 1 chambre :** 1 000 - 1 500 €
  - ○ **Appartement 2 chambres :** 1 500 - 2 200 €

Location saisonnière de courte durée vs location de longue durée

Location saisonnière de courte durée

La location saisonnière est très populaire en Espagne, particulièrement dans les zones touristiques.

- **Avantages :**
  - ○ **Revenus plus élevés :** Les loyers à la semaine peuvent être très lucratifs.
  - ○ **Flexibilité d'utilisation :** Possibilité d'utiliser le bien pour ses propres vacances.
  - ○ **Déductions fiscales :** Certaines dépenses liées à la location saisonnière peuvent être déductibles.
- **Inconvénients :**

- Gestion intensive : Nécessite une gestion régulière, accueil des locataires, nettoyage, etc.
- Réglementation stricte : Certaines villes imposent des licences ou des restrictions sur la location courte durée.

Anecdote : Sophie et Marc ont acheté un appartement à Barcelone pour la location saisonnière. "Les revenus sont impressionnants durant l'été, mais il faut être prêt à gérer les arrivées et départs fréquents. Nous avons opté pour une agence de gestion locative pour nous faciliter la tâche," explique Sophie.

Location de longue durée

La location de longue durée est une option plus stable et moins exigeante en termes de gestion.

- **Avantages :**
    - **Stabilité des revenus :** Loyers mensuels réguliers et prévisibles.

- **Moins de gestion :** Moins de turnover et moins de gestion quotidienne.
- **Relation de confiance :** Possibilité de développer une relation à long terme avec les locataires.
- **Inconvénients :**
  - **Revenus potentiellement inférieurs :** Les loyers mensuels sont souvent moins élevés que les revenus cumulés de la location courte durée.
  - **Moins de flexibilité :** Le bien n'est pas disponible pour une utilisation personnelle aussi souvent.

Témoignage : "Nous avons choisi de louer notre appartement à Valence sur une base annuelle. Cela nous assure un revenu stable et nous évite les tracas de la gestion fréquente," dit Jean-Marc, qui a investi dans l'immobilier pour sa retraite.

Choix entre location saisonnière et longue durée

Le choix entre location saisonnière et location de longue durée dépend de plusieurs facteurs :

- **Emplacement** : Les zones touristiques favorisent la location courte durée.
- **Objectifs financiers** : La location courte durée peut offrir des revenus plus élevés mais moins stables.
- **Disponibilité et gestion** : La location longue durée nécessite moins de gestion quotidienne.
- **Réglementation locale** : Vérifiez les restrictions locales sur la location saisonnière.

Conseils pratiques pour réussir son investissement locatif

1. Étudier le marché local

- **Analyse des quartiers** : Identifiez les zones avec une forte demande locative. Privilégiez les quartiers bien desservis, proches des commodités et des attractions touristiques.
- **Évaluation des prix** : Comparez les prix des biens et des loyers dans différentes régions pour déterminer le meilleur rapport qualité-prix.

Témoignage : Nathalie, qui a investi à Séville, souligne : "J'ai passé des semaines à analyser les différents quartiers. Finalement, j'ai choisi un appartement près du centre historique, ce qui a maximisé mes revenus locatifs grâce à la forte demande touristique."

2. Connaître les réglementations locales

- **Licences de location :** Certaines villes exigent des licences spécifiques pour la location saisonnière. Assurez-vous de respecter toutes les réglementations pour éviter les amendes.
- **Législation sur les baux :** Comprenez les droits et obligations des propriétaires et des locataires pour la location longue durée.

Anecdote : Paul, un investisseur à Barcelone, raconte : "J'étais sur le point de finaliser un achat quand j'ai découvert que le quartier exigeait une licence de location que je n'aurais pas pu obtenir. Cela m'a évité un gros problème."

3. Optimiser la gestion locative

- **Gestion par soi-même :** Si vous choisissez de gérer le bien vous-même, préparez-vous à investir du temps pour la maintenance, la communication avec les locataires et la gestion administrative.
- **Faire appel à une agence :** Une agence de gestion locative peut s'occuper de tout, de la recherche de locataires à la gestion des paiements et des réparations. Cela peut représenter un coût supplémentaire, mais réduit considérablement les tracas.

Témoignage : Élodie, propriétaire d'un appartement à Madrid, affirme : "Engager une agence de gestion locative a été la meilleure décision. Cela me permet de profiter de mes revenus sans les soucis quotidiens de la gestion."

---

4. Préparer le bien pour la location

- **Aménagement et décoration :** Un bien bien aménagé et décoré attirera plus de locataires et justifiera des loyers plus élevés. Pensez à offrir

des équipements modernes et une décoration attrayante.
- **Entretien régulier :** Assurez-vous que le bien est toujours en bon état pour éviter les plaintes et maintenir la satisfaction des locataires.

Anecdote : Caroline, qui loue son appartement sur la Costa del Sol, partage : "J'ai investi dans une décoration moderne et des équipements de qualité. Mes locataires sont toujours ravis, et cela se reflète dans les avis positifs et les recommandations."

---

5. Planifier financièrement

- **Prévoir une marge de sécurité :** Anticipez les périodes sans locataires et les frais imprévus en gardant une réserve financière.
- **Évaluer la rentabilité :** Calculez la rentabilité nette de votre investissement en tenant compte de toutes les charges (taxes, frais de gestion, entretien) et des revenus locatifs.

Témoignage : Luc, qui possède plusieurs biens à Malaga, conseille : "Toujours prévoir une marge de sécurité dans votre budget. Les imprévus arrivent, et il vaut mieux être préparé."

Conclusion

L'investissement locatif en Espagne offre de nombreuses opportunités, que ce soit pour la location saisonnière ou la location de longue durée. En fonction de vos objectifs financiers, de votre disponibilité pour la gestion et de l'emplacement du bien, vous pouvez choisir la stratégie qui correspond le mieux à vos besoins. En suivant ces conseils pratiques, vous maximiserez vos chances de succès et de rentabilité.

Vie culturelle, touristique et sociale en Espagne

Culture et traditions

L'Espagne est riche en traditions culturelles, avec des fêtes populaires comme la Tomatina et les célèbres encierros de San Fermín.

- **Fêtes populaires :** La Tomatina à Buñol, San Fermín à Pampelune.
- **Gastronomie :** Paella, tapas, jambon ibérique.
- **Art et architecture :** Influence mauresque, œuvres de Gaudí, musées renommés.

Anecdote : Clémence, passionnée d'art, a choisi de s'installer à Barcelone pour être proche des œuvres de Gaudí. "La ville est un musée à ciel ouvert, chaque coin de rue réserve une surprise architecturale", dit-elle.

Tourisme

L'Espagne regorge de sites touristiques emblématiques.

- **Lieux emblématiques :** Barcelone (Sagrada Família, Park Güell), Madrid (musées du Prado,

Reina Sofía), Séville (cathédrale gothique, Alcázar).
- **Activités et attractions :** Plages de la Costa del Sol, montagnes des Pyrénées, îles Baléares et Canaries.

Anecdote : Paul, un retraité français, a acheté une maison à proximité de Marbella. "J'adore les plages de la Costa del Sol, et l'accès aux montagnes est idéal pour des randonnées. C'est le meilleur des deux mondes", partage-t-il.

Vie sociale

La vie sociale en Espagne est animée et chaleureuse.

- **Communauté expatriée :** De nombreuses associations et communautés facilitent l'intégration.
- **Intégration locale :** Les Espagnols sont accueillants et la langue espagnole, bien que utile, n'est pas une barrière insurmontable grâce à l'apprentissage facilité par l'immersion.

Témoignage : Clara, une jeune retraitée française installée à Malaga, témoigne : "L'Espagne m'a offert une nouvelle vie. Les gens sont chaleureux, les fêtes sont joyeuses et la gastronomie est un régal quotidien. C'est un pays où il fait bon vivre."

Réseaux sociaux et intégration

- **Associations d'expatriés :** Facilite les rencontres et les activités sociales.
- **Cours de langue :** Apprendre l'espagnol pour mieux s'intégrer.
- **Vie quotidienne :** Marchés locaux, traditions culinaires, rythmes de vie.

Témoignage : Louise, qui a déménagé à Barcelone, a rejoint un club de conversation pour apprendre l'espagnol. "Non seulement j'ai amélioré mon espagnol, mais j'ai aussi rencontré des amis fantastiques."

Conclusion

Avantages et défis de l'investissement immobilier en Espagne

Avantages

- **Rentabilité potentielle** : Opportunités de plus-value grâce à la reprise du marché immobilier.
- **Qualité de vie** : Climat agréable, culture riche, gastronomie renommée.
- **Attractivité touristique** : Forte demande locative, surtout dans les zones touristiques.

Témoignage : Jean-Marc, qui a investi dans une maison de vacances en Andalousie, conclut : "L'investissement immobilier en Espagne peut être très lucratif, mais il nécessite une bonne préparation et une connaissance approfondie du marché. Avec les bons conseils, c'est une aventure enrichissante tant sur le plan financier que personnel."

Défis

- **Fluctuations économiques :** Dépendance de l'économie au tourisme peut engendrer des incertitudes.
- **Complexités administratives :** Procédures parfois complexes pour les étrangers.
- **Risques juridiques :** Importance de vérifier minutieusement les documents et de se faire assister juridiquement.

Anecdote : Caroline, qui a acheté un appartement à Madrid, a dû faire face à des retards administratifs lors de l'obtention de son NIE. "Cela a été frustrant, mais en ayant de la patience et en étant bien conseillée, j'ai réussi à surmonter ces obstacles."

Témoignage : Jacques, qui a diversifié ses investissements en achetant plusieurs biens en Espagne, souligne : "La clé de la réussite est la préparation. En étant bien informé et entouré de professionnels compétents, on minimise les risques et on optimise les rendements."

Conseils pour réussir son investissement

- **Bien se préparer :**

  Une bonne préparation est essentielle pour réussir son investissement. Informez-vous, faites des recherches et consultez des professionnels.

- **Garder une vision à long terme :**

  L'immobilier est un investissement à long terme. Soyez patient et planifiez sur le long terme.

- **Rester informé :**

  Les lois et les marchés évoluent. Continuez à vous informer pour adapter votre stratégie.

- **Bien se renseigner :**

  Étudier le marché, les quartiers, et les réglementations locales.

- **Faire appel à des professionnels :**

  Notaires, avocats, agents immobiliers.

- **Prévoir une marge de sécurité financière :**

  Anticiper les imprévus et les variations économiques.

www.ingramcontent.com/pod-product-compliance
Lightning Source LLC
Chambersburg PA
CBHW071843210526
45479CB00001B/266